school - school	2
reis - travel	5
transport - transport	8
stad - city	10
landschap - landscape	14
restaurant - restaurant	17
supermarkt - supermarket	20
dranken - drinks	22
eten - food	23
boerderij - farm	27
huis - house	31
woonkamer - living room	33
keuken - kitchen	35
badkamer - bathroom	38
kinderkamer - kids room	42
kleding - clothing	44
kantoor - office	49
economie - economy	51
beroepen - occupations	53
gereedschap - tools	56
muziekinstrumenten - musical instruments	57
dierentuin - zoo	59
sport - sports	62
activiteiten - activities	63
familie - family	67
lichaam - body	68
ziekenhuis - hospital	72
noodgeval - emergency	76
aarde - earth	77
klok - clock	79
week - week	80
jaar - year	81
vormen - shapes	83
kleuren - colors	84
tegenstellingen - opposites	85
getallen - numbers	88
talen - languages	90
wie / wat / hoe - who / what / how	91
waar - where	92

AF187459

Impressum
Verlag: BABADADA GmbH, Nedderfeld 112 , 22529 Hamburg
Geschäftsführer / Verlagsleitung: Harald Hof
Druck: Books on Demand GmbH, In de Tarpen 42, 22848 Norderstedt

Imprint
Publisher: BABADADA GmbH, Nedderfeld 112 , 22529 Hamburg, Germany
Managing Director / Publishing direction: Harald Hof
Print: Books on Demand GmbH, In de Tarpen 42, 22848 Norderstedt

school

school

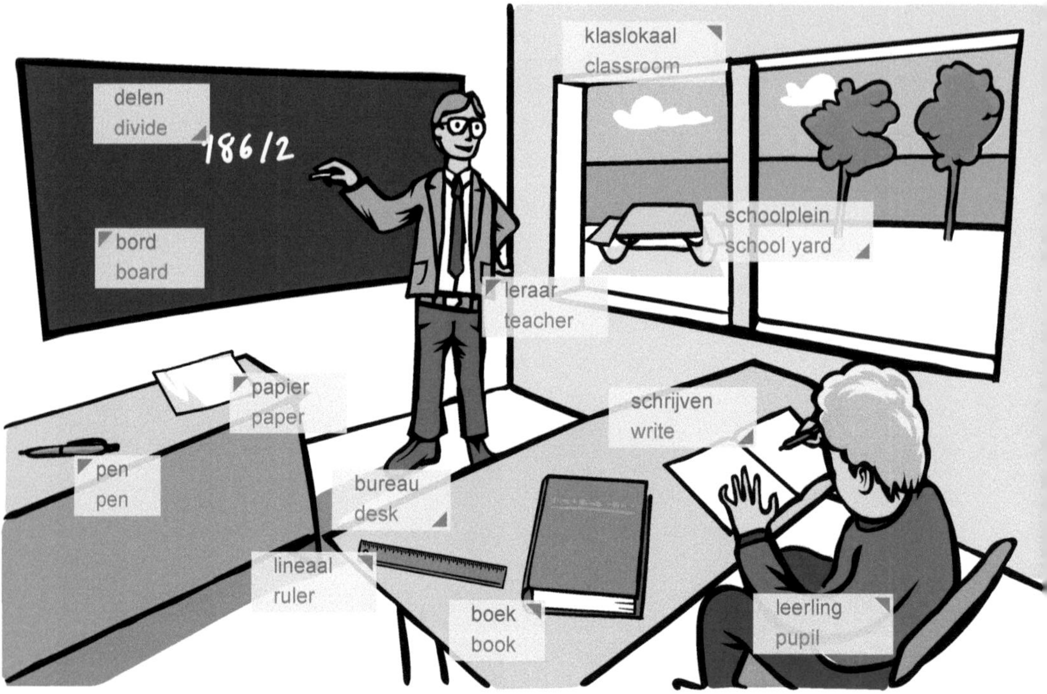
klaslokaal
classroom
delen
divide
186/2
bord
board
schoolplein
school yard
leraar
teacher
papier
paper
schrijven
write
pen
pen
bureau
desk
lineaal
ruler
boek
book
leerling
pupil

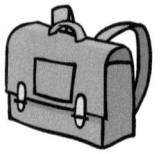

schooltas

satchel

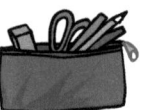

etui

pencil case

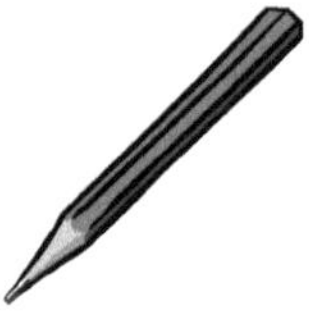

potlood

pencil

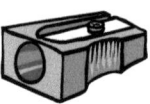

puntenslijper

pencil sharpener

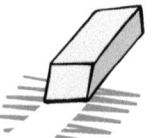

gum

rubber

schetsblok

drawing pad

tekening

drawing

penseel

paintbrush

verfdoos

paint box

schaar

scissors

lijm

glue

schrift

exercise book

huiswerk

homework

getal

number

optellen

add

aftrekken

subtract

vermenigvuldigen

multiply

rekenen

calculate

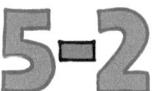

letter

letter

alfabet

alphabet

woord

word

tekst

text

lezen

read

krijt

chalk

les

lesson

klassenboek

register

examen

examination

diploma

certificate

schooluniform

school uniform

opleiding

education

encyclopedie

encyclopedia

universiteit

university

microscoop

microscope

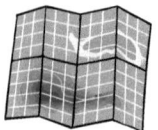

kaart

map

prullenmand

waste-paper basket

reis

travel

hotel
hotel
Grand
hostel
hostel
ROOMS
wisselkantoor
currency exchange office
EXCHANGE
koffer
suitcase
auto
car

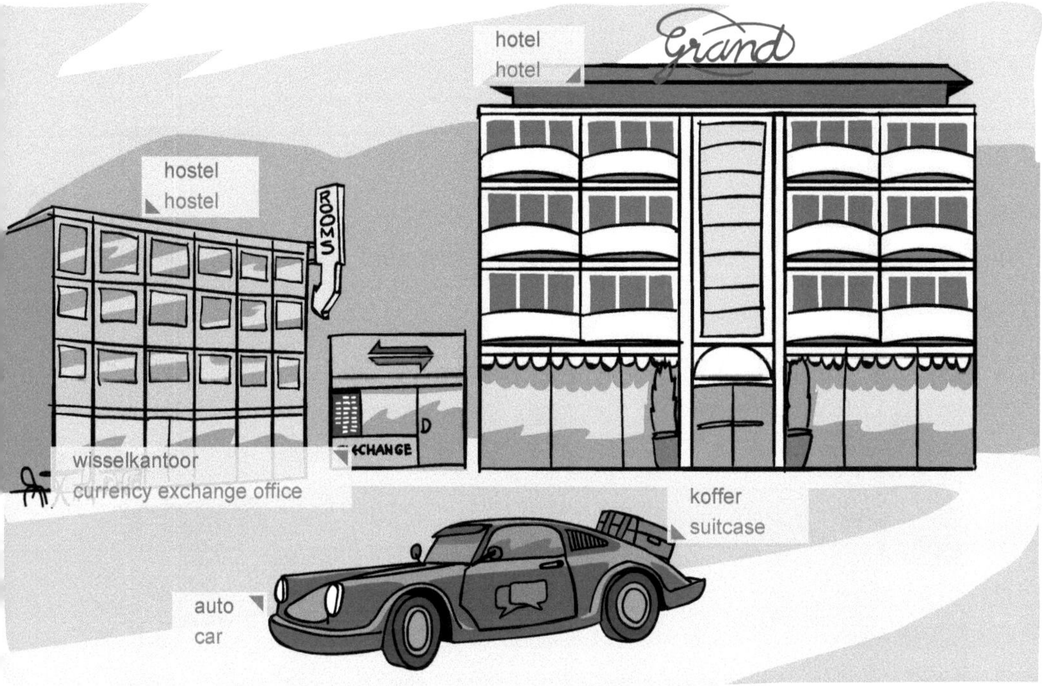

taal

language

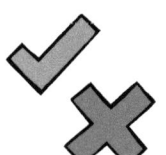

ja / nee

yes / no

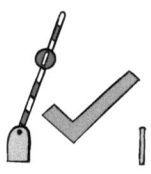

oké

Okay

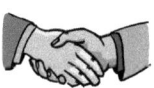

Hallo!

hello

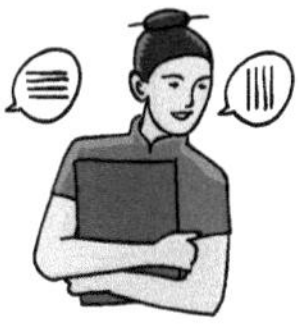

tolk

translator

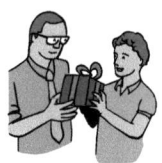

Bedankt.

Thank you

Wat kost ...?

how much is...?

Ik begrijp het niet.

I don´t get it

probleem

problem

Goedenavond!

Good evening!

Goedemorgen!

Good morning!

Goedenacht!

Good night!

Tot ziens!

goodbye

richting

direction

bagage

luggage

tas

bag

rugzak

backpack

gast

guest

kamer

room

slaapzak

sleeping bag

tent

tent

VVV-kantoor

tourist information

strand

beach

creditkaart

credit card

ontbijt

breakfast

lunch

lunch

diner

dinner

kaartje

Ticket

lift

elevator

postzegel

stamp

grens

border

douane

customs

ambassade

embassy

visum

visa

paspoort

passport

transport
transport

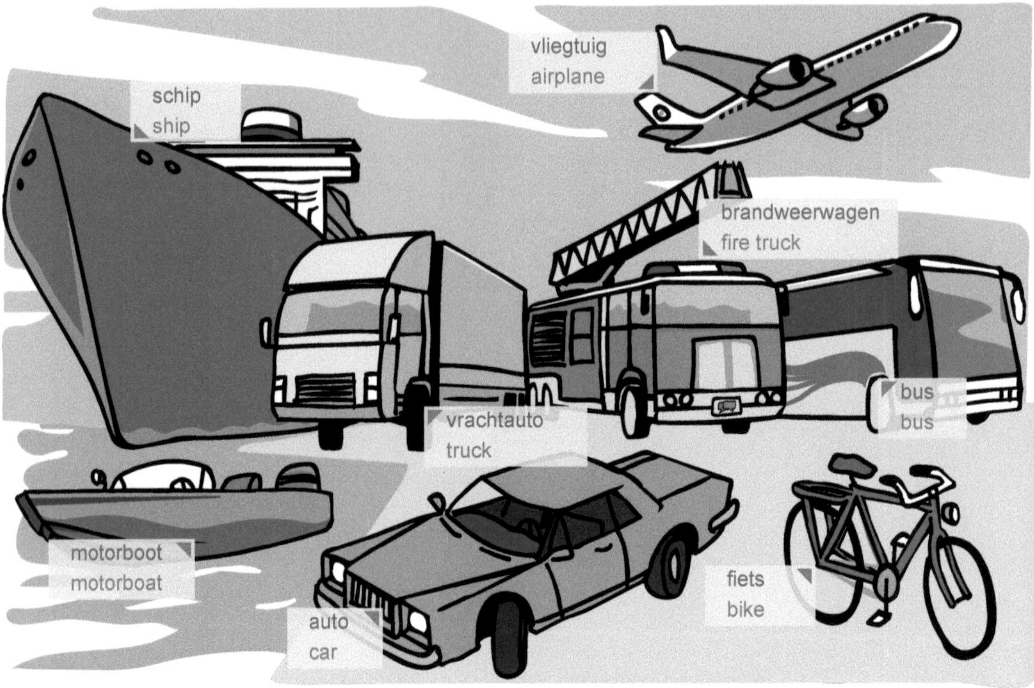
vliegtuig
airplane
schip
ship
brandweerwagen
fire truck
bus
bus
vrachtauto
truck
motorboot
motorboat
fiets
bike
auto
car

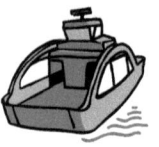

veerboot

ferry

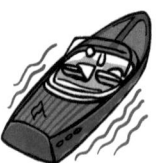

boot

boat

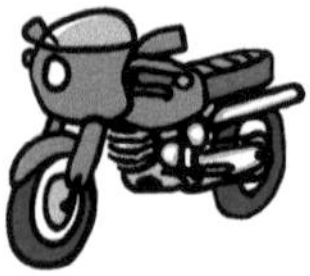

motorfiets

motorbike

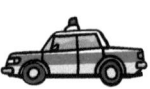

politiewagen

police car

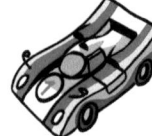

raceauto

racing car

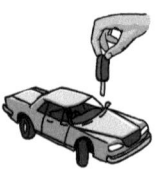

huurauto

rental car

carsharing

car sharing

takelwagen

tow truck

vuilniswagen

garbage truck

motor

engine

benzine

fuel

benzinepomp

fuel station

verkeersbord

traffic sign

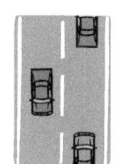

verkeer

traffic

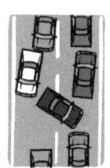

file

traffic jam

parkeerplaats

parking lot

station

train station

rails

tracks

trein

train

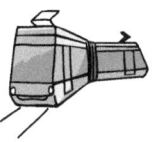

tram

tram

wagon

wagon

helikopter

helicopter

luchthaven

airport

toren

tower

passagier

passenger

container

container

verhuisdoos

carton

kar

cart

mand

basket

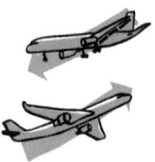

opstijgen / landen

take off / land

stad

city

dorp

village

stadscentrum

city center

huis

house

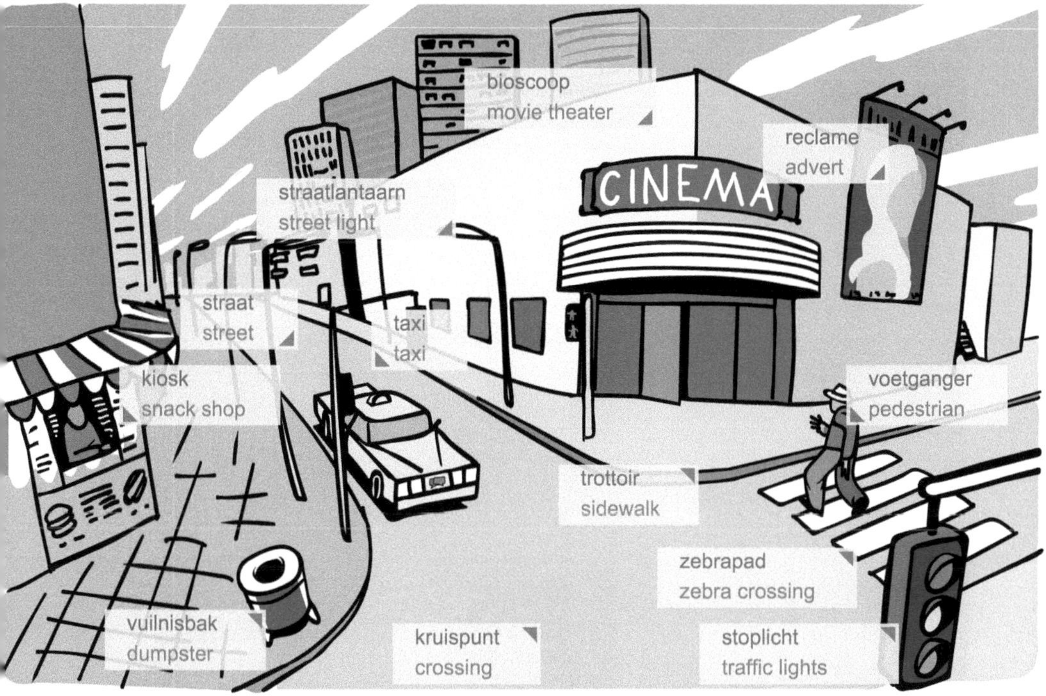

![city scene illustration]

bioscoop / movie theater

straatlantaarn / street light

reclame / advert

CINEMA

straat / street

taxi / taxi

kiosk / snack shop

voetganger / pedestrian

trottoir / sidewalk

zebrapad / zebra crossing

vuilnisbak / dumpster

kruispunt / crossing

stoplicht / traffic lights

hut

hut

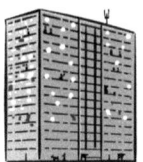

appartement

apartment

station

train station

stadhuis

city hall

museum

museum

school

school

universiteit

university

bank

bank

ziekenhuis

hospital

hotel

hotel

apotheek

pharmacy

kantoor

office

boekenwinkel

book shop

winkel

shop

bloemenwinkel

flower shop

supermarkt

supermarket

markt

market

warenhuis

department store

visboer

fishmonger's shop

winkelcentrum

mall

haven

harbor

park

park

bank

bench

brug

bridge

trap

stairs

metro

subway

tunnel

tunnel

bushalte

bus stop

bar

bar

restaurant

restaurant

brievenbus

postbox

straatnaambord

street sign

parkeermeter

parking meter

dierentuin

zoo

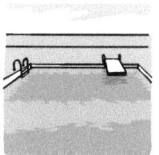

zwembad

swimming pool

moskee

mosque

boerderij
farm

vervuiling
pollution

begraafplaats
cemetery

kerk
church

speelplaats
playground

tempel
temple

landschap
landscape

blad
leaf

wegwijzer
signpost

weg
path

weide
meadow

steen
stone

boom
tree

wandelaar
hiker

rivier
river

gras
grass

bloem
flower

vallei

valley

berg

hill

meer

lake

bos

forest

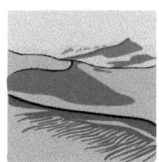

woestijn

desert

vulkaan

volcano

kasteel

castle

regenboog

rainbow

paddenstoel

mushroom

palmboom

palm tree

mug

mosquito

vlieg

fly

mier

ant

bij

bee

spin

spider

kever

beetle

kikker

frog

eekhoorn

squirrel

egel

hedgehog

haas

hare

uil

owl

vogel

bird

zwaan

swan

wild zwijn

boar

hert

deer

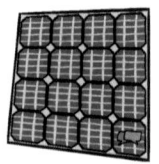

eland

moose

stuwdam

dam

windmolen

wind turbine

zonnepaneel

solar panel

klimaat

climate

restaurant

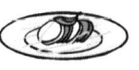

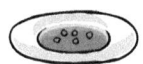

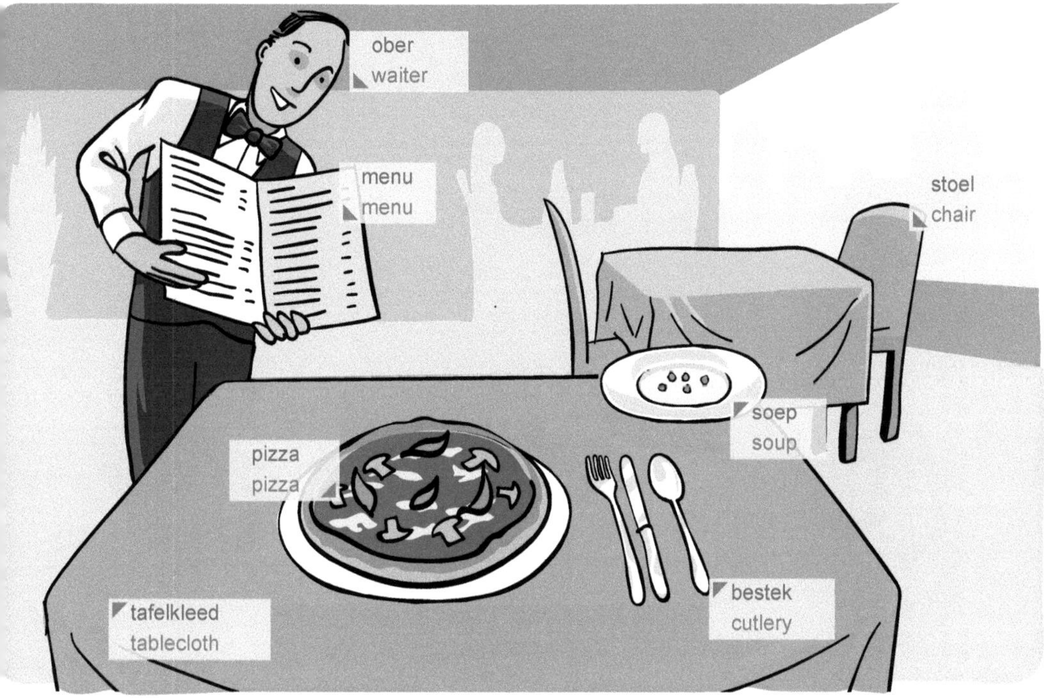

ober
waiter
menu
menu
stoel
chair
soep
soup
pizza
pizza
tafelkleed
tablecloth
bestek
cutlery

voorgerecht

starter

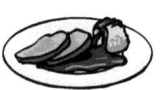

hoofdgerecht

main course

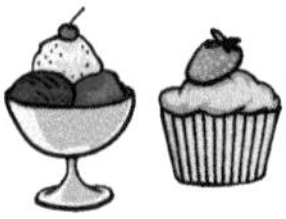

toetje

dessert

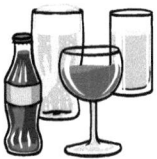

dranken

drinks

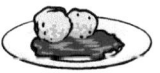

eten

food

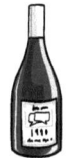

fles

bottle

fastfood

fast food

eetkraampje

street food

theepot

teapot

suikerpot

sugar bowl

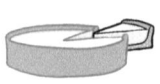

portie

portion

espressomachine

espresso machine

kinderstoel

high chair

rekening

bill

dienblad

tray

mes

knife

vork

fork

lepel

spoon

theelepel

teaspoon

servet

serviette

glas

glass

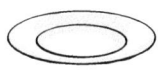

bord

plate

soepbord

soup plate

schotel

saucer

saus

sauce

zoutvaatje

salt shaker

pepermolen

pepper mill

azijn

vinegar

olie

oil

kruiden

spices

ketchup

ketchup

mosterd

mustard

mayonaise

mayonnaise

supermarkt
supermarket

aanbieding
special offer
FOR
klant
customer
zuivelproducten
dairy products
fruit
fruit
winkelwagen
shopping cart

BUTCHERS

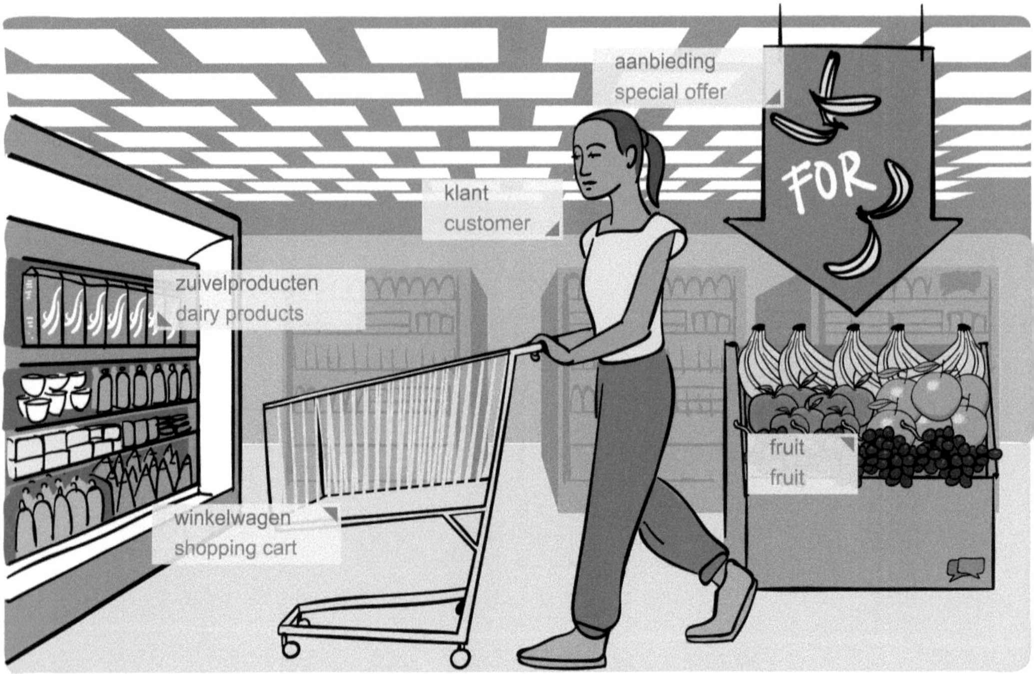

slager

butcher's shop

BAKERY

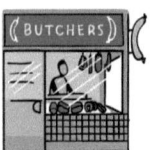

bakkerij

bakery

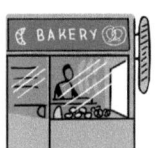

wegen

weigh

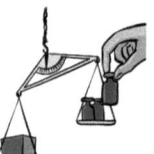

groente

vegetables

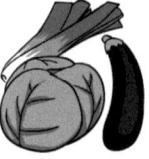

vlees

meat

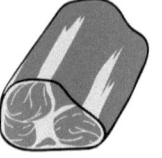

diepvriesproducten

frozen food

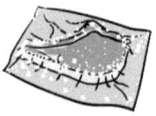

vleeswaren
cold cuts

conserven
canned food

wasmiddel
detergent

snoepgoed
candy

huishoudelijke artikelen
household products

schoonmaakmiddel
cleaning products

verkoopster
sales representative

kassa
cash register

kassier
cashier

boodschappenlijstje
shopping list

openingstijden
opening hours

portefeuille
wallet

creditkaart
credit card

tas
bag

plastic zak
plastic bag

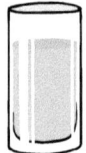

water

water

sap

juice

melk

milk

cola

coke

wijn

wine

bier

beer

alcohol

alcohol

chocolademelk

cocoa

thee

tea

koffie

coffee

espresso

espresso

cappuccino

cappuccino

banaan

banana

appel

apple

sinaasappel

orange

watermeloen

melon

citroen

lemon

wortel

carrot

knoflook

garlic

bamboe

bamboo

ui

onion

paddenstoel

mushroom

noten

nuts

pasta

noodles

spaghetti

spaghetti

rijst

rice

salade

salad

friet

fries

gebakken aardappelen

fried potatoes

pizza

pizza

hamburger

hamburger

sandwich

sandwich

schnitzel

escalope

ham

ham

salami

salami

worst

sausage

kip

chicken

gebraad

roast

vis

fish

havermout

porridge oats

muesli

muesli

cornflakes

cornflakes

meel

flour

croissant

croissant

broodjes

bread roll

brood

bread

toast

toast

koekjes

cookies

boter

butter

kwark

curd

taart

cake

ei

egg

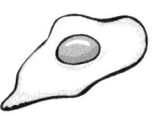

gebakken ei

fried egg

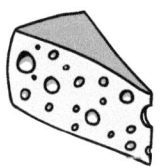

kaas

cheese

ijs

ice cream

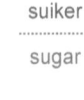

suiker

sugar

honing

honey

jam

jelly

chocoladepasta

nougat cream

kerrie

curry

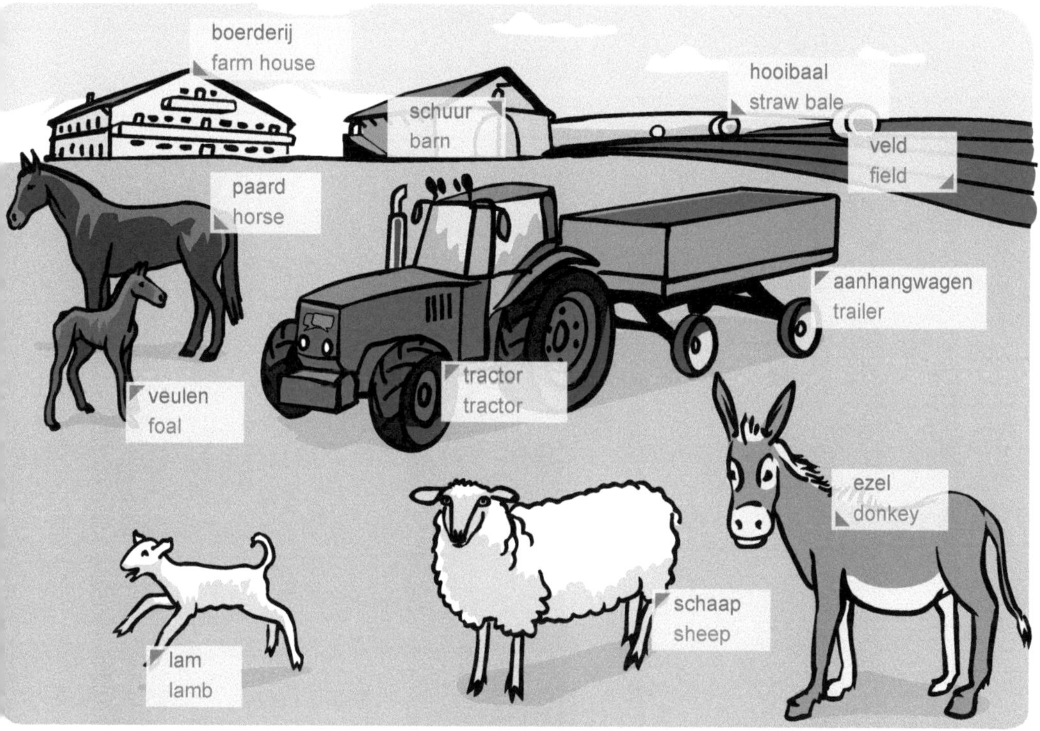

boerderij
farm house

hooibaal
straw bale

schuur
barn

veld
field

paard
horse

aanhangwagen
trailer

veulen
foal

tractor
tractor

ezel
donkey

lam
lamb

schaap
sheep

geit
goat

koe
cow

kalf
calf

varken
pig

big
piglet

stier
bull

gans

goose

eend

duck

kuiken

chick

kip

hen

haan

cockerel

rat

rat

kat

cat

muis

mouse

os

ox

hond

dog

hondenhok

dog house

tuinslang

garden hose

gieter

watering can

zeis

scythe

ploeg

plow

sikkel

sickle

schoffel

hoe

hooivork

pitchfork

bijl

axe

kruiwagen

pushcart

trog

trough

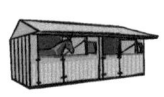

melkbus

milk can

zak

sack

hek

fence

stal

stable

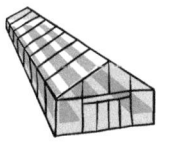

broeikas

greenhouse

grond

soil

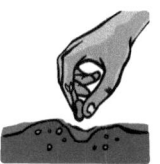

zaad

seed

mest

fertilizer

maaidorser

combine harvester

oogsten

harvest

oogst

harvest

yam

yams

tarwe

wheat

soja

soya

aardappel

potato

maïs

corn

koolzaad

rapeseed

fruitboom

fruit tree

maniok

manioc

granen

grain

huis

house

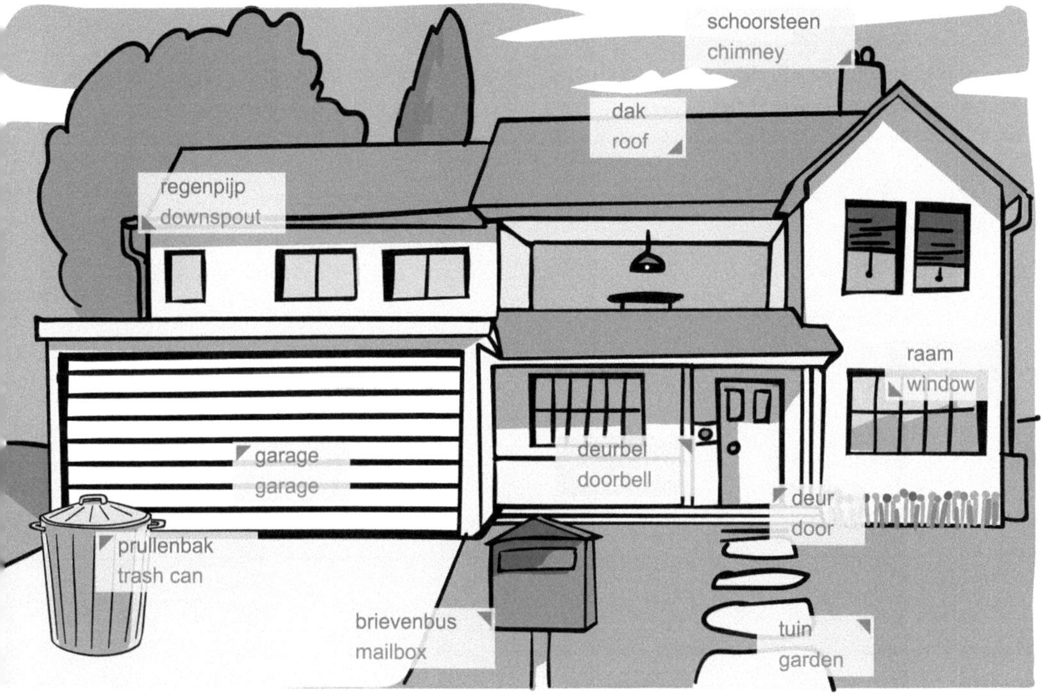
schoorsteen
chimney
dak
roof
regenpijp
downspout
raam
window
garage
garage
deurbel
doorbell
deur
door
prullenbak
trash can
brievenbus
mailbox
tuin
garden

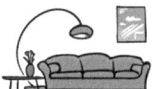

woonkamer

living room

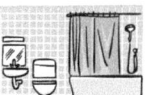

badkamer

bathroom

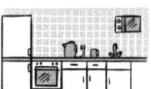

keuken

kitchen

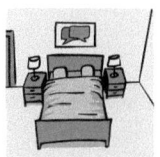

slaapkamer

bedroom

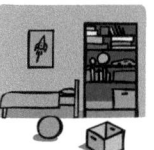

kinderkamer

kids room

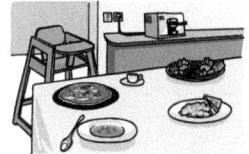

eetkamer

dining room

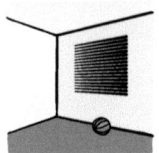

vloer

floor

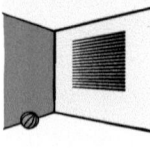

muur

wall

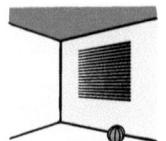

plafond

ceiling

kelder

cellar

sauna

sauna

balkon

balcony

terras

terrace

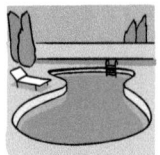

zwembad

pool

grasmaaier

lawn mower

laken

sheet

bedsprei

bedspread

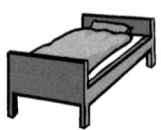

bed

bed

bezem

broom

emmer

bucket

schakelaar

switch

woonkamer
living room

behang
wallpaper
foto
picture
lamp
lamp
plank
shelf
kast
cabinet
televisie
television
open haard
fireplace
bloem
flower
kussen
cushion
bankstel
sofa
vaas
vase
afstandsbediening
remote control

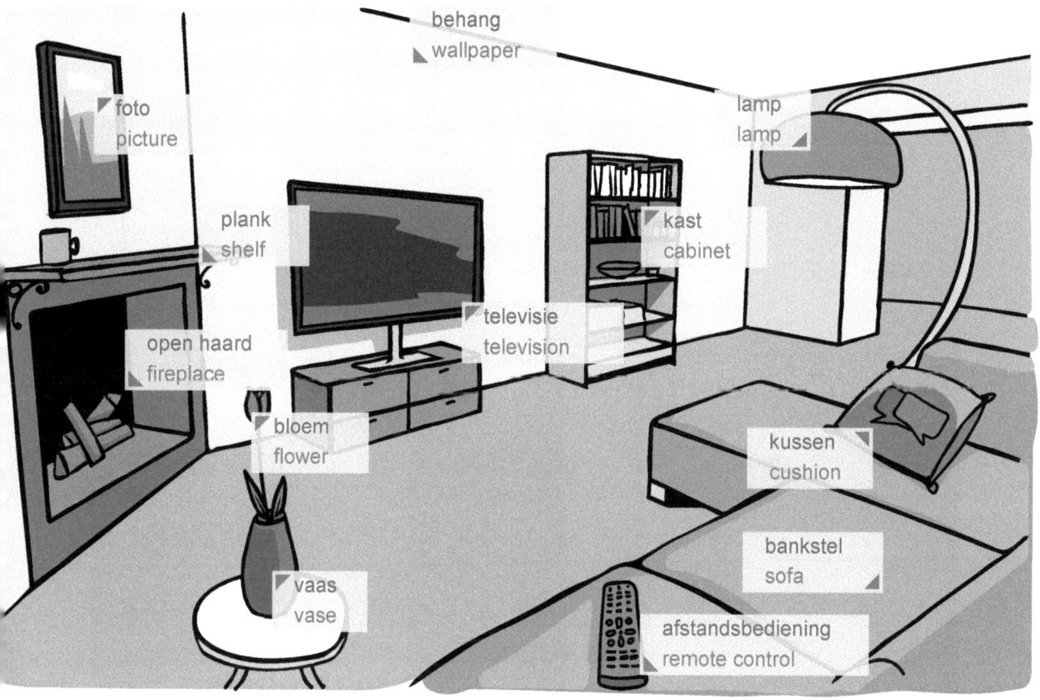

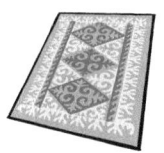

tapijt

carpet

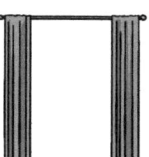

gordijn

drape

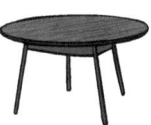

tafel

table

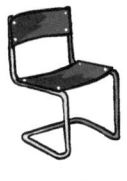

stoel

chair

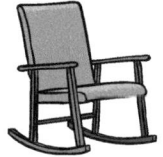

schommelstoel

rocking chair

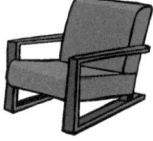

stoel

armchair

boek

book

deken

blanket

decoratie

decoration

brandhout

firewood

film

film

stereo-installatie

stereo system

sleutel

key

krant

newspaper

schilderij

painting

poster

poster

radio

radio

kladblok

notebook

stofzuiger

vacuum cleaner

cactus

cactus

kaars

candle

keuken
kitchen

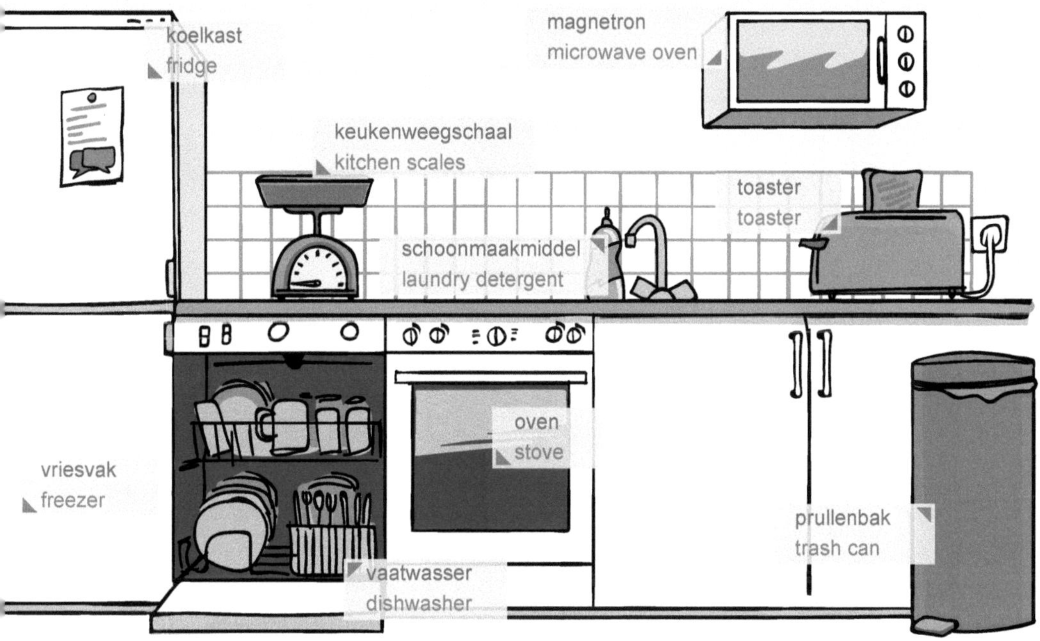

koelkast
fridge
magnetron
microwave oven
keukenweegschaal
kitchen scales
toaster
toaster
schoonmaakmiddel
laundry detergent
oven
stove
vriesvak
freezer
prullenbak
trash can
vaatwasser
dishwasher

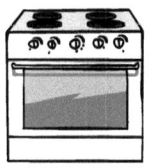

fornuis

cooker

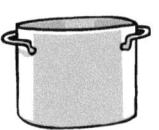

pan

pot

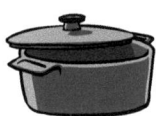

gietijzeren pan

cast-iron pot

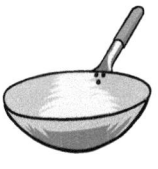

wok / kadai

wok / kadai

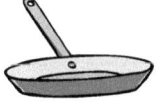

koekenpan

pan

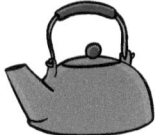

ketel

kettle

stoomkoker

steamer

bakplaat

baking tray

servies

crockery

beker

mug

kom

bowl

eetstokjes

chopsticks

soeplepel

ladle

spatel

spatula

garde

whisk

vergiet

strainer

zeef

sieve

rasp

grater

vijzel

mortar

barbecue

barbecue

vuurhaard

fireplace

snijplank

chopping board

deegroller

rolling pin

kurkentrekker

corkscrew

blik

can

blikopener

can opener

pannenlap

oven cloth

wasbak

sink

borstel

brush

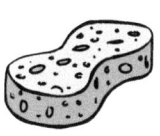

spons

sponge

blender

blender

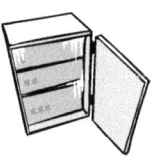

vriezer

deep freezer

babyflesje

baby bottle

kraan

tap

badkamer

bathroom

douche
shower
verwarming
heating
handdoek
towel
douchegordijn
shower curtain
bubbelbad
bubble bath
bad
bathtub
glas
glass
wasmachine
washing machine
kraan
tap
tegels
tiles
potje
potty
wasbak
sink

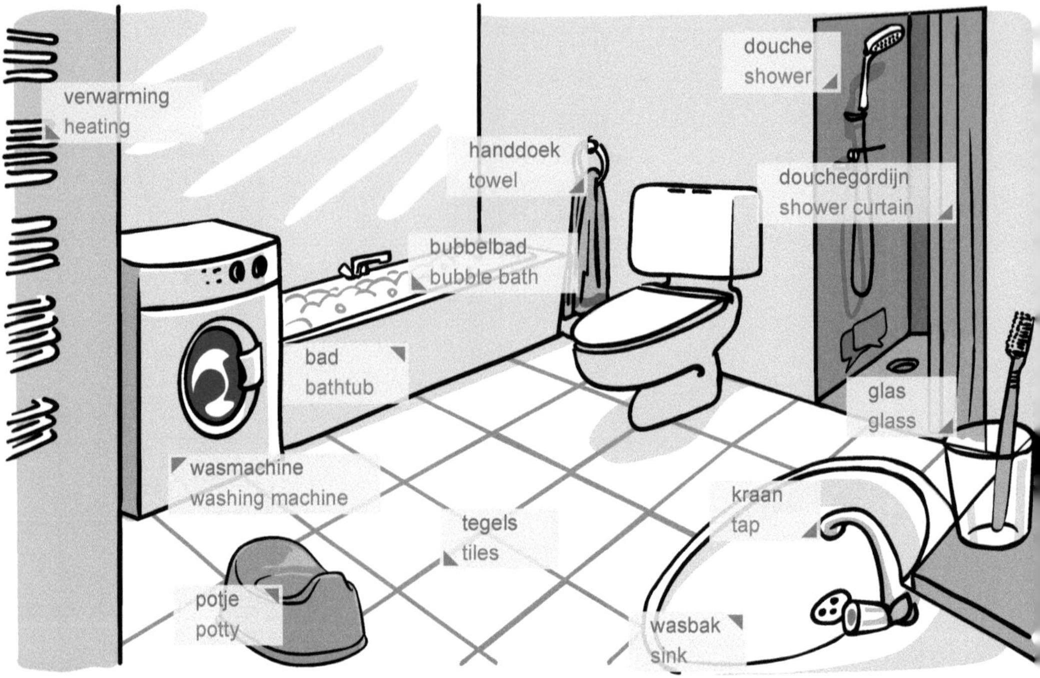

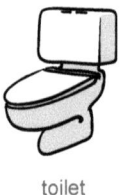

toilet

toilet

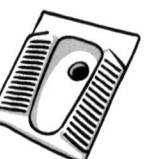

hurktoilet

squat toilet

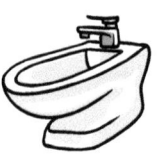

bidet

bidet

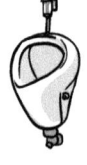

urinoir

urinal

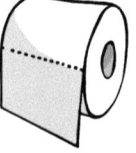

toiletpapier

toilet paper

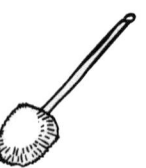

toiletborstel

toilet brush

tandenborstel
toothbrush

tandpasta
toothpaste

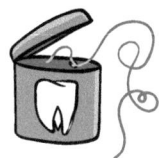

flosdraad
dental floss

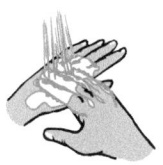

wassen
wash

handdouche
hand shower

toiletdouche
douche

waskom
basin

rugborstel
back brush

zeep
soap

douchegel
shower gel

shampoo
shampoo

washanje
flannel

afvoer
drain

creme
creme

deodorant
deodorant

spiegel

mirror

make-upspiegel

hand mirror

scheermes

razor

scheerschuim

shaving foam

aftershave

aftershave

kam

comb

borstel

brush

haardroger

hair-dryer

haarspray

hairspray

make-up

makeup

lippenstift

lipstick

nagellak

nail varnish

watten

cotton wool

nagelschaartje

nail scissors

parfum

perfume

toilettas
washbag

kruk
stool

weegschaal
weighing scales

badjas
bathrobe

rubber handschoenen
rubber gloves

tampon
tampon

maandverband
sanitary towel

chemisch toilet
chemical toilet

kinderkamer
kids room

wekker
alarm clock
knuffeldier
cuddly toy
speelgoedauto
toy car
rammelaar
rattle
poppenhuis
doll's house
cadeau
present

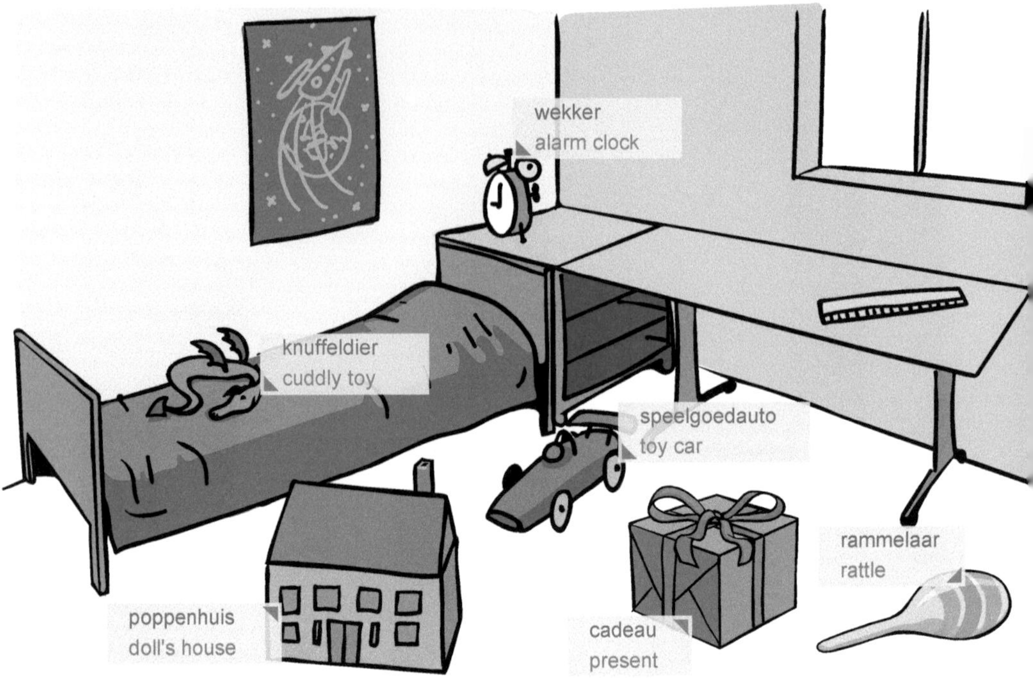

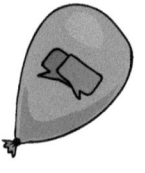

ballon

balloon

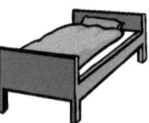

bed

bed

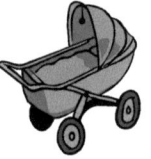

kinderwagen

stroller

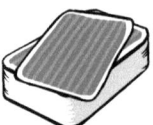

kaartspel

deck of cards

puzzel

jigsaw

SUPER MEGA

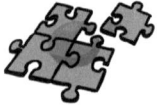

stripverhaal

comic

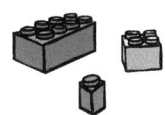

legostenen

lego bricks

speelgoedblokken

toy blocks

actiefiguurtje

action figure

romper

romper suit

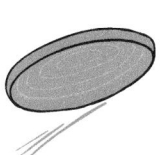

frisbee

frisbcc

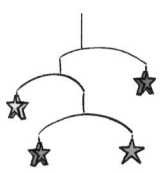

mobile

mobile

bordspel

board game

dobbelsteen

dice

modeltrein

model train set

speen

pacifier

feestje

party

prentenboek

picture book

bal

ball

pop

doll

spelen

play

zandbak

sandpit

schommel

swing

speelgoed

toys

spelcomputer

video game console

driewieler

tricycle

teddybeer

teddy bear

kleerkast

wardrobe

kleding
clothing

sokken

socks

kousen

stockings

panty

tights

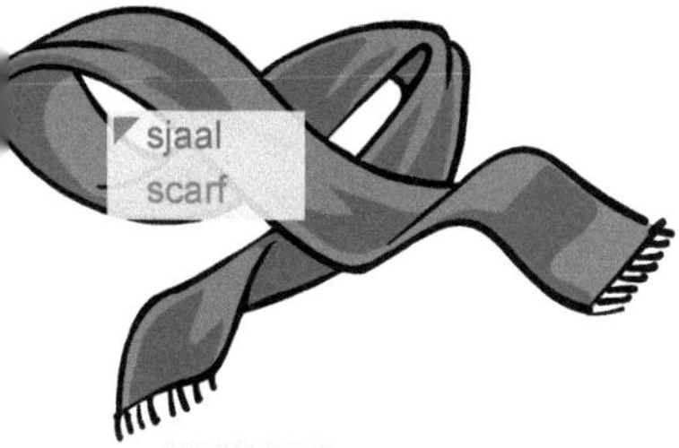

sjaal
scarf

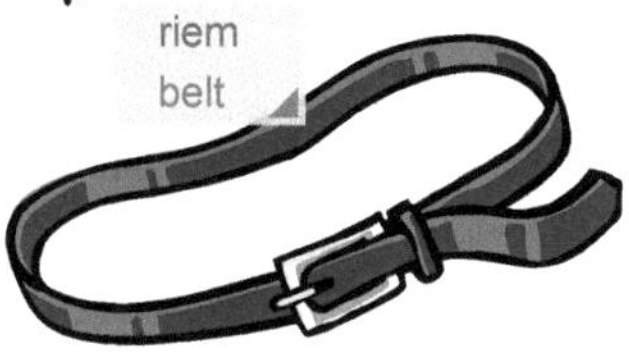

riem
belt

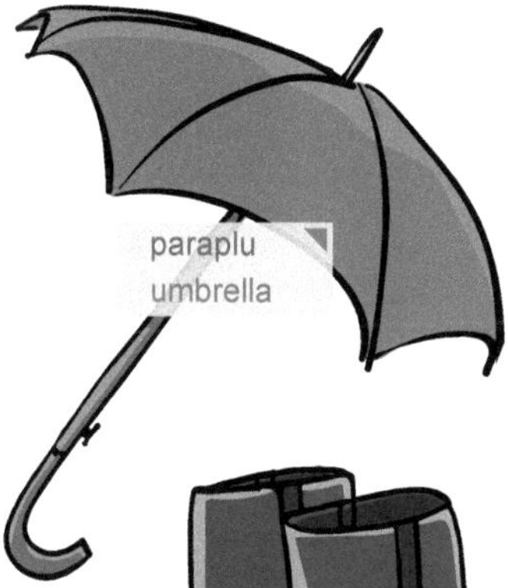

paraplu
umbrella

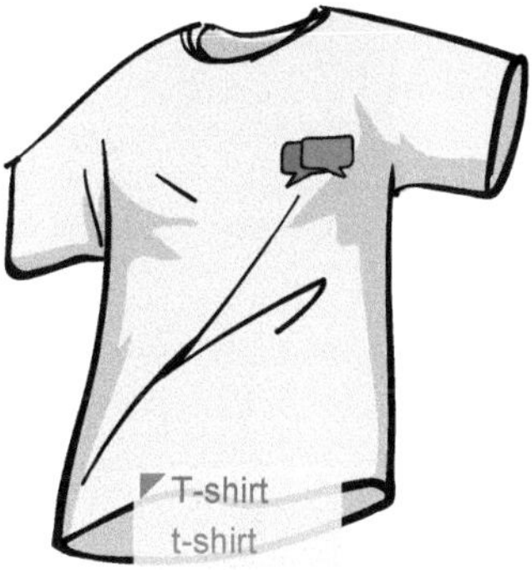

T-shirt
t-shirt

sportschoenen
sneakers

laarzen
boots

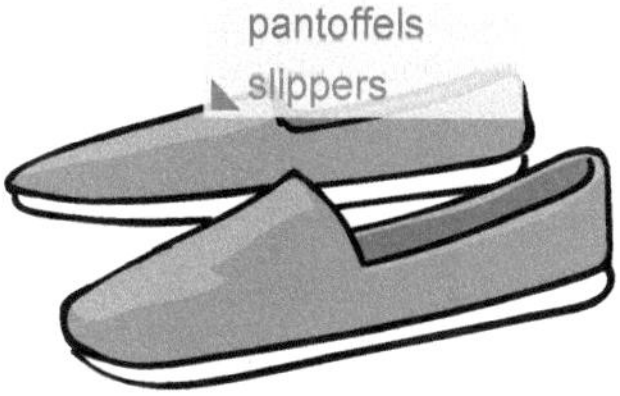

pantoffels
slippers

sandalen
sandals

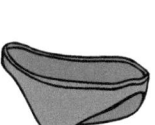

schoenen
shoes

rubberlaarzen
rubber boots

onderbroek
underwear

beha
bra

onderhemd
undershirt

kleding - clothing

body
body

broek
pants

spijkerbroek
jeans

rok
skirt

blouse
blouse

overhemd
shirt

trui
pullover

hoody
sweater

blazer
blazer

jas
jacket

mantel
coat

regenjas
raincoat

kostuum
costume

jurk
dress

trouwjurk
wedding dress

kleding - clothing

pak
suit

nachthemd
nightgown

pyjama
pajamas

sari
sari

hoofddoek
headscarf

tulband
turban

boerka
burka

kaftan
kaftan

abaja
abaya

zwempak
swimsuit

zwembroek
trunks

korte broek
shorts

trainingspak
tracksuit

schort
apron

handschoenen
gloves

knoop

button

bril

glasses

armband

bracelet

ketting

necklace

ring

ring

oorbel

earring

pet

cap

kledinghanger

coat hanger

hoed

hat

stropdas

tie

rits

zip

helm

helmet

bretels

braces

schooluniform

school uniform

uniform

uniform

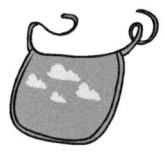

slabbetje

bib

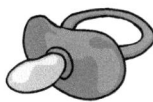

speen

pacifier

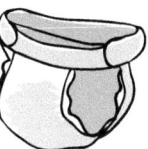

luier

diaper

kantoor

office

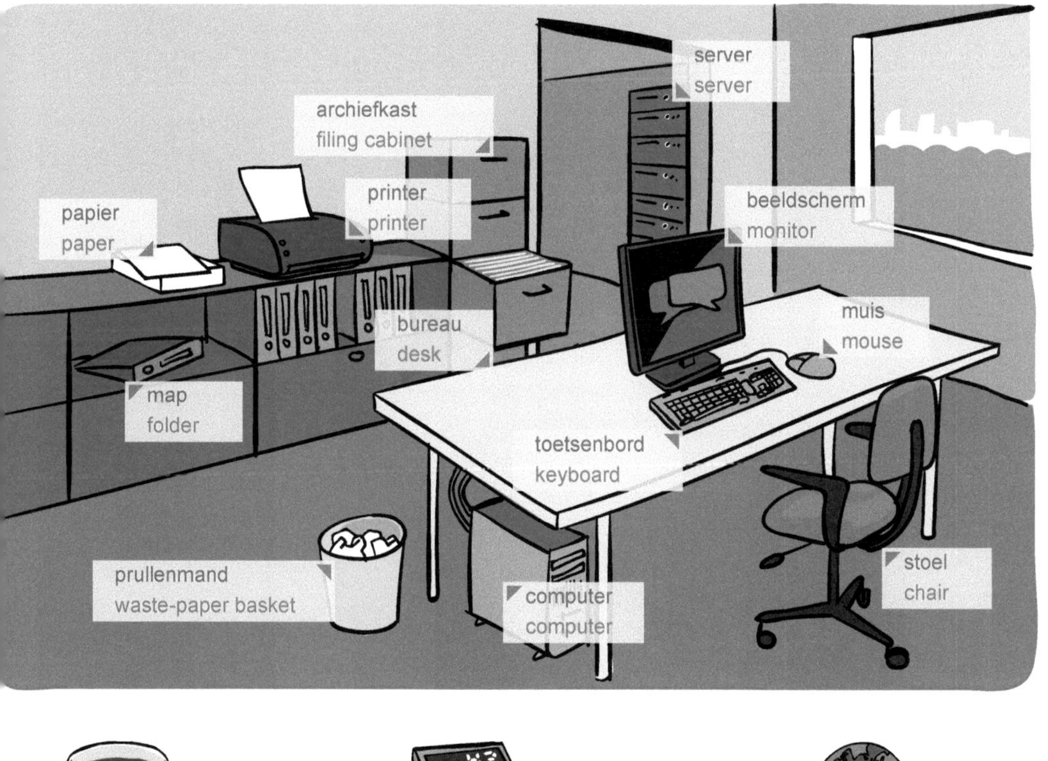
server
server
archiefkast
filing cabinet
papier
paper
printer
printer
beeldscherm
monitor
muis
mouse
bureau
desk
map
folder
toetsenbord
keyboard
prullenmand
waste-paper basket
computer
computer
stoel
chair

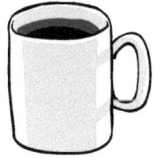

koffiemok

coffee mug

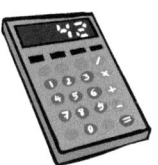

rekenmachine

calculator

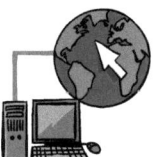

internet

internet

laptop

laptop

brief

letter

bericht

message

mobiele telefoon

cell phone

netwerk

network

kopieermachine

photocopier

software

software

telefoon

telephone

stopcontact

plug socket

fax

fax machine

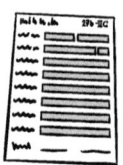

formulier

form

document

document

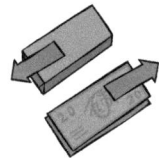

kopen
....
buy

betalen
....
pay

handel drijven
....
trade

geld
....
money

 **USD**

dollar
....
dollar

 **EUR**

euro
....
euro

JPY

yen
....
yen

RUB

roebel
....
rouble

CHF

Zwitserse frank
....
Swiss franc

CNY

renminbi yuan
....
renminbi yuan

INR

roepie
....
rupee

geldautomaat
....
cash point

wisselkantoor

currency exchange office

goud

gold

zilver

silver

olie

oil

energie

energy

prijs

price

contract

contract

belasting

tax

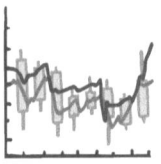

aandeel

stock

werken

work

werknemer

employee

werkgever

employer

fabriek

factory

winkel

shop

economie - economy

beroepen
occupations

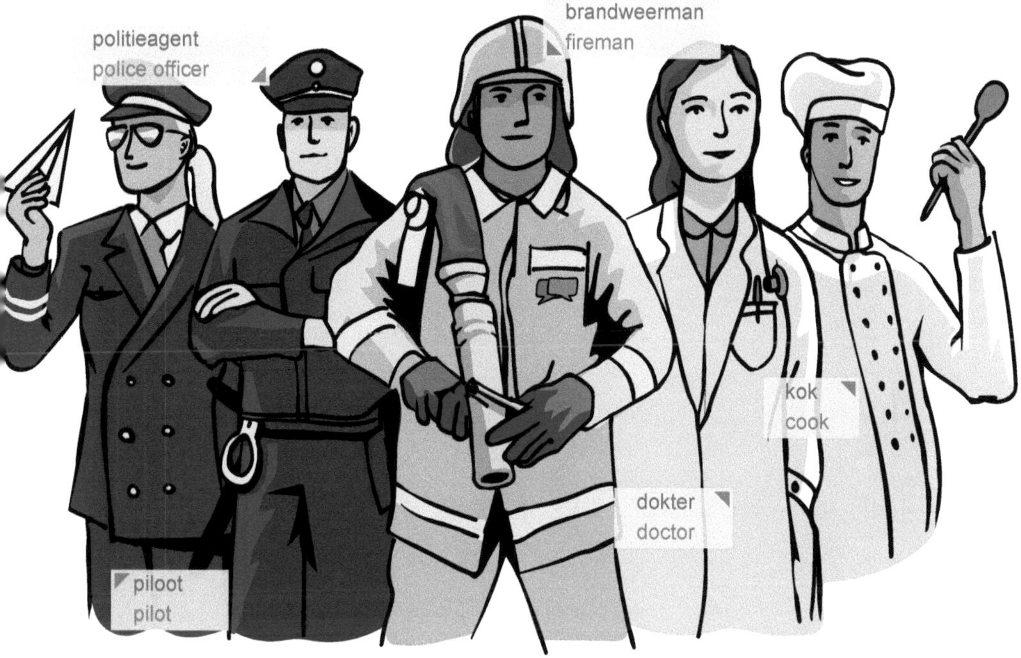

politieagent
police officer
brandweerman
fireman
kok
cook
dokter
doctor
piloot
pilot

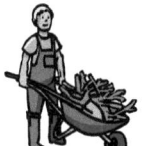

tuinman

gardener

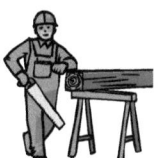

timmerman

carpenter

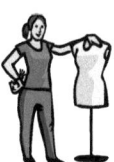

naaister

seamstress

rechter

judge

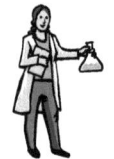

scheikundige

chemist

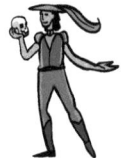

toneelspeler

actor

buschauffeur

bus driver

taxichauffeur

taxi driver

visser

fisherman

schoonmaakster

cleaning lady

dakdekker

roofer

ober

waiter

jager

hunter

schilder

painter

bakker

baker

elektricien

electrician

bouwvakker

builder

ingenieur

engineer

slager

butcher

loodgieter

plumber

postbode

postman

soldaat

soldier

architect

architect

kassier

cashier

bloemist

florist

kapper

hairdresser

conducteur

conductor

monteur

mechanic

kapitein

captain

tandarts

dentist

wetenschapper

scientist

rabbi

rabbi

imam

imam

monnik

monk

pastoor

pastor

gereedschap
tools

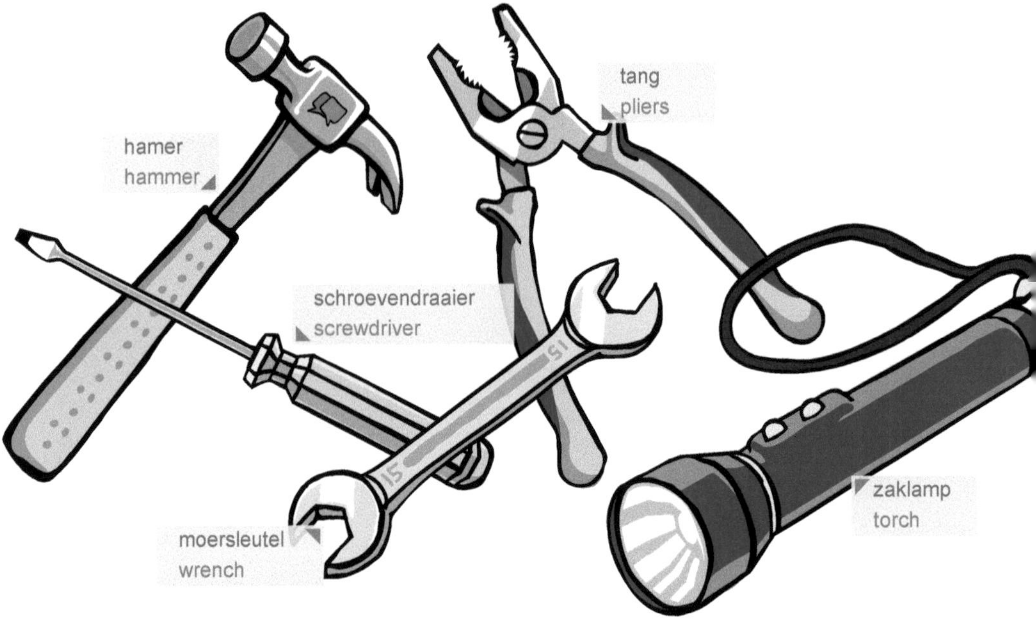
hamer
hammer
tang
pliers
schroevendraaier
screwdriver
zaklamp
torch
moersleutel
wrench

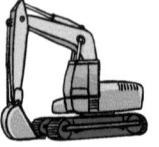

graafmachine

excavator

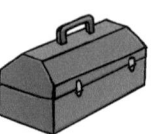

gereedschapskist

toolbox

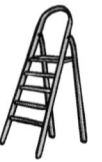

ladder

ladder

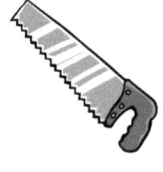

zaag

saw

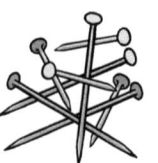

spijkers

nails

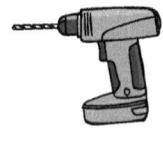

boor

drill

repareren
repair

schep
shovel

Verdorie!
Damn!

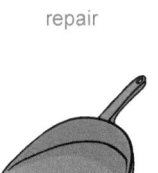

stofblik
dustpan

verfpot
paint can

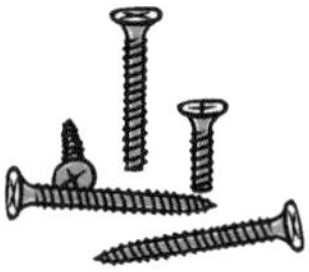

schroeven
screws

muziekinstrumenten
musical instruments

luidspreker
loud speaker

drumstel
drum set

gitaar
guitar

contrabas
double bass

trompet
trumpet

piano
piano

viool
violin

bas
bass

pauk
timpani

trommel
drums

keyboard
keyboard

saxofoon
saxophone

fluit
flute

microfoon
microphone

dierentuin

zoo

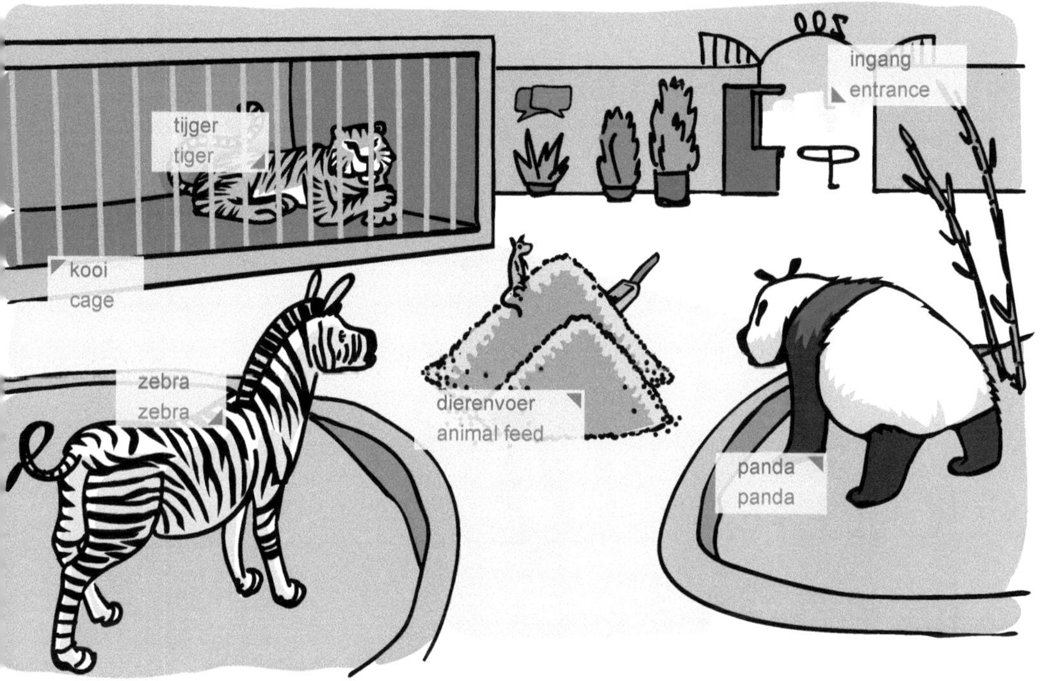

zoo
ingang
entrance
tijger
tiger
kooi
cage
zebra
zebra
dierenvoer
animal feed
panda
panda

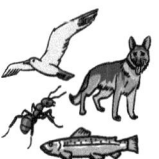

dieren

animals

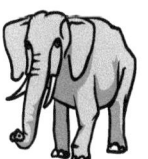

olifant

elephant

kangoeroe

kangaroo

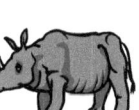

neushoorn

rhino

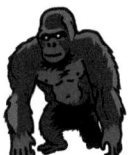

gorilla

gorilla

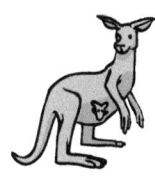

beer

bear

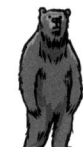

kameel

camel

struisvogel

ostrich

leeuw

lion

aap

monkey

flamingo

flamingo

papegaai

parrot

ijsbeer

polar bear

pinguïn

penguin

haai

shark

pauw

peacock

slang

snake

krokodil

crocodile

dierenverzorger

zookeeper

zeehond

seal

jaguar

jaguar

pony

pony

luipaard

leopard

nijlpaard

hippo

giraffe

giraffe

adelaar

eagle

wild zwijn

boar

vis

fish

schildpad

turtle

walrus

walrus

vos

fox

gazelle

gazelle

American football
American football

wielrennen
cycling

tennis
tennis

basketbal
basketball

zwemmen
swimming

boksen
boxing

ijshockey
ice hockey

voetbal
soccer

badminton
badminton

atletiek
athletics

handbal
handball

skiën
skiing

polo
polo

springen
jump

knuffelen
hug

lachen
laugh

lopen
walk

zingen
sing

dromen
dream

bidden
pray

kussen
kiss

schrijven
write

tekenen
draw

tonen
show

duwen
push

geven
give

oppakken
take

hebben

have

doen

do

zijn

be

staan

stand

rennen

run

trekken

pull

gooien

throw

vallen

fall

liggen

lie

wachten

wait

dragen

carry

zitten

sit

aankleden

get dressed

slapen

sleep

wakker worden

wake up

bekijken

look at

huilen

cry

strelen

stroke

kammen

comb

praten

talk

begrijpen

understand

vragen

ask

horen

listen

drinken

drink

eten

eat

opruimen

tidy up

houden van

love

koken

cook

rijden

drive

vliegen

fly

zeilen
sail

rekenen
calculate

lezen
read

leren
learn

werken
work

trouwen
marry

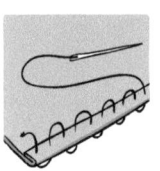

naaien
sew

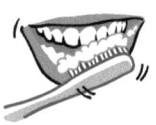

tandenpoetsen
brush teeth

doden
kill

roken
smoke

verzenden
send

activiteiten - activities

grootmoeder
grandmother

grootvader
grandfather

vader
father

moeder
mother

baby
baby

dochter
daughter

zoon
son

gast

guest

tante

aunt

oom

uncle

broer

brother

zus

sister

familie - family

lichaam

body

voorhoofd
forehead
oog
eye
schouder
shoulder
vinger
finger
gezicht
face
kin
chin
hand
hand
borst
breast
been
leg
arm
arm

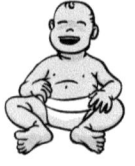

baby
baby

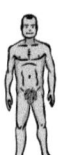

man
man

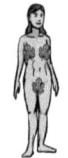

vrouw
woman

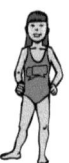

meisje
girl

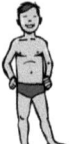

jongen
boy

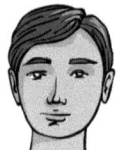

hoofd
head

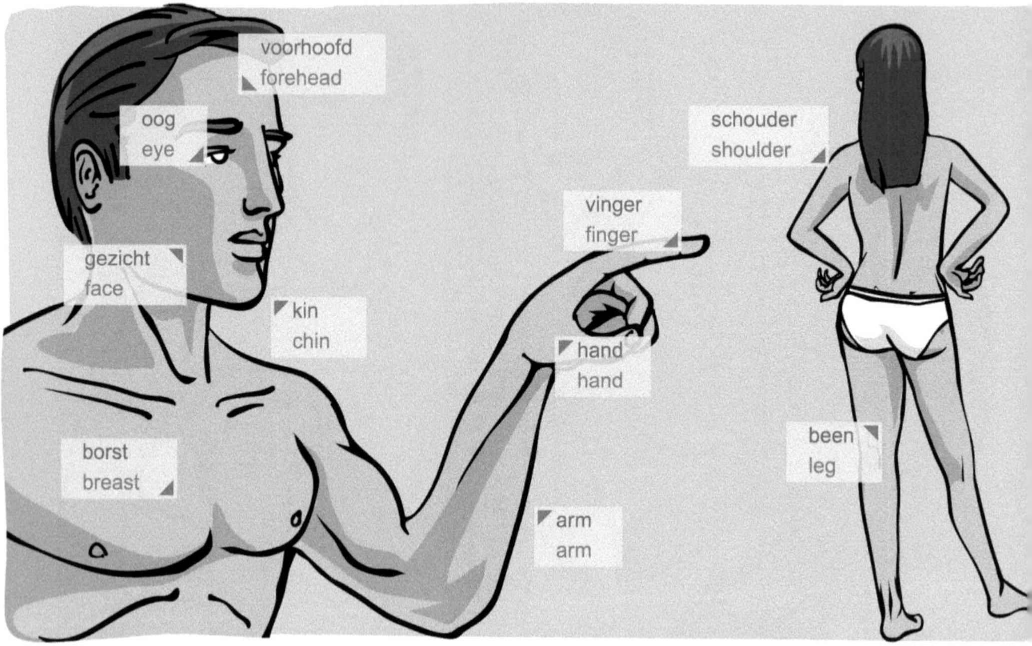

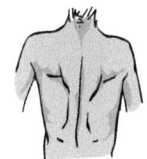

rug
back

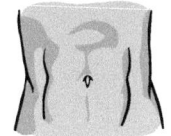

buik
belly

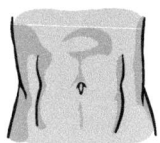

navel
navel

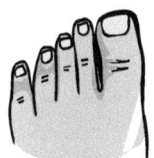

teen
toe

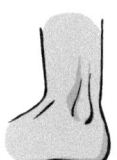

hiel
heel

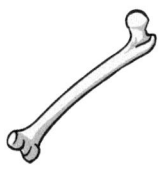

bot
bone

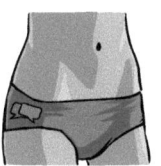

heup
hip

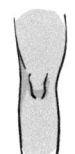

knie
knee

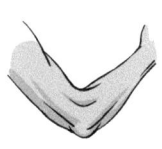

elleboog
elbow

neus
nose

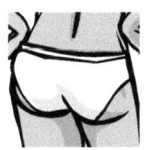

achterwerk
buttocks

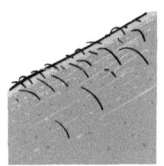

huid
skin

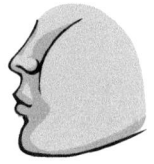

wang
cheek

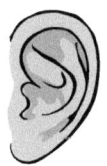

oor
ear

lippen
lip

mond

mouth

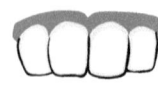

tand

tooth

tong

tongue

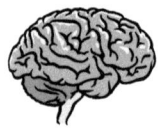

hersenen

brain

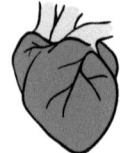

hart

heart

spier

muscle

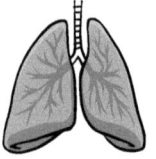

long

lung

lever

liver

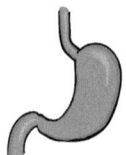

maag

stomach

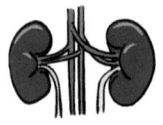

nieren

kidneys

geslachtsgemeenschap

sex

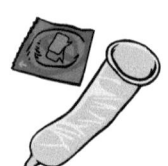

condoom

condom

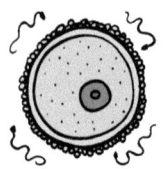

eicel

ovum

sperma

semen

zwangerschap

pregnancy

lichaam - body

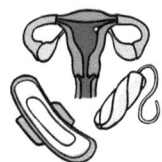

menstruatie

menstruation

vagina

vagina

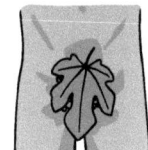

penis

penis

wenkbrauw

eyebrow

haar

hair

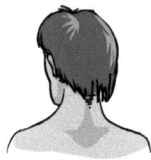

hals

neck

ziekenhuis
hospital

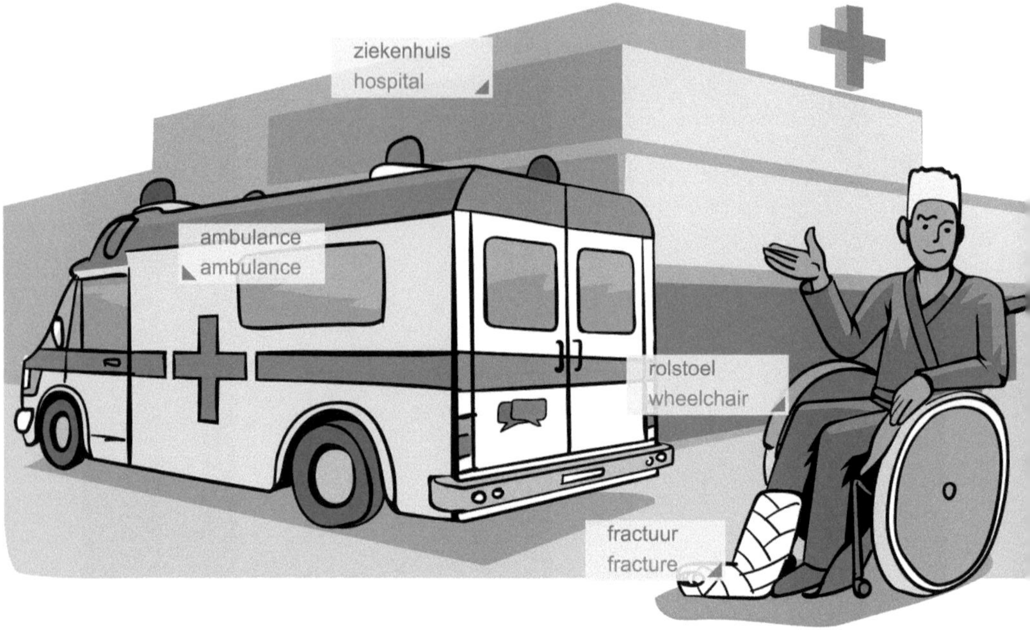

ziekenhuis
hospital
ambulance
ambulance
rolstoel
wheelchair
fractuur
fracture

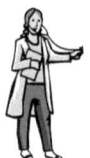

dokter

doctor

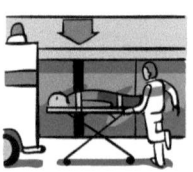

EHBO

emergency room

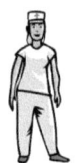

verpleegster

nurse

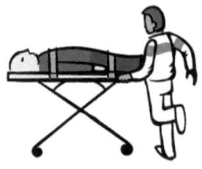

noodgeval

emergency

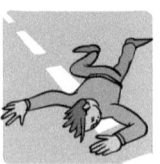

bewusteloos

unconscious

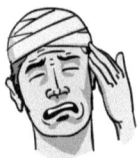

pijn

pain

verwonding

injury

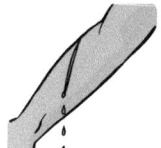

bloeding

bleeding

hartaanval

heart attack

beroerte

stroke

allergie

allergy

hoest

cough

koorts

fever

griep

flu

diarree

diarrhea

hoofdpijn

headache

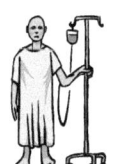

kanker

cancer

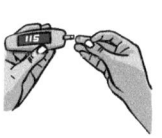

diabetes

diabetes

chirurg

surgeon

scalpel

scalpel

operatie

operation

CT

CT

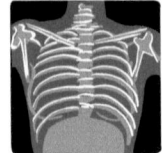

röntgen

x-ray

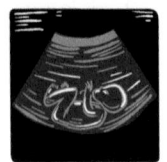

echografie

ultrasound

gezichtsmasker

face mask

ziekte

disease

wachtkamer

waiting room

kruk

crutch

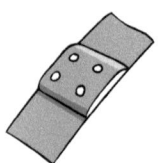

pleister

plaster

verband

bandage

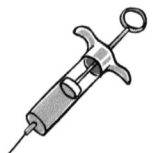

injectie

injection

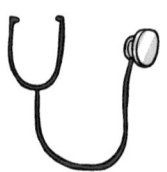

stethoscoop

stethoscope

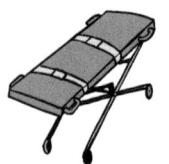

brancard

stretcher

thermometer

clinical thermometer

geboorte

birth

overgewicht

overweight

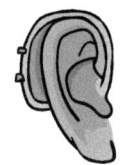

gehoorapparaat

hearing aid

ontsmettingsmiddel

disinfectant

infectie

infection

virus

virus

HIV / AIDS

HIV / AIDS

medicijn

medicine

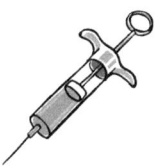

inenting

vaccination

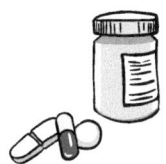

tabletten

tablets

pil

pill

alarmnummer

emergency call

bloeddrukmeter

blood pressure monitor

ziek / gezond

ill / healthy

Help!
Help!

alarm
alarm

overval
assault

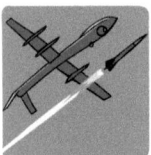

aanval
attack

gevaar
danger

nooduitgang
emergency exit

Brand!
Fire!

brandblusser
fire extinguisher

ongeluk
accident

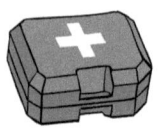

EHBO-koffer
first-aid kit

SOS
SOS

politie
police

Europa

Europe

Noord-Amerika

North America

Zuid-Amerika

South America

Afrika

Africa

Azië

Asia

Australië

Australia

Atlantische Oceaan

Atlantic

Stille Oceaan

Pacific

Indische Oceaan

Indian Ocean

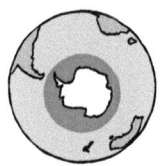

Zuidelijke Oceaan

Antarctic Ocean

Noordelijke IJszee

Arctic Ocean

Noordpool

North pole

Zuidpool

South pole

Antarctica

Antarctica

aarde

earth

land

land

zee

sea

eiland

island

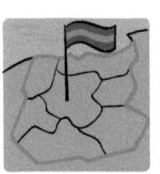

natie

nation

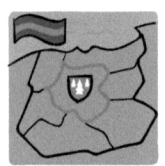

staat

state

wijzerplaat

clock face

uurwijzer

hour hand

minutenwijzer

minute hand

secondewijzer

second hand

Hoe laat is het?

What time is it?

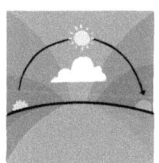

dag

day

tijd

time

nu

now

digitaal horloge

digital watch

minuut

minute

uur

hour

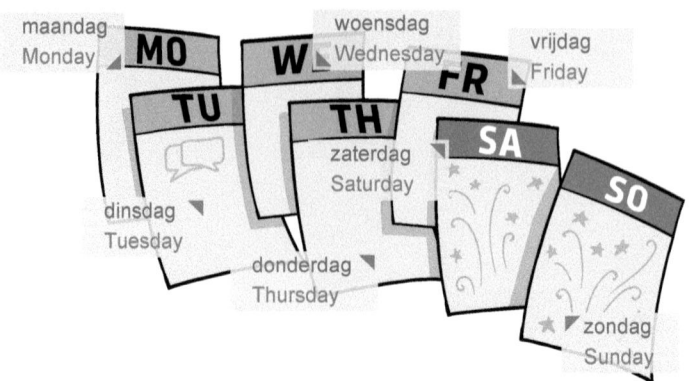

maandag
Monday

woensdag
Wednesday

vrijdag
Friday

dinsdag
Tuesday

zaterdag
Saturday

donderdag
Thursday

zondag
Sunday

gisteren

yesterday

vandaag

today

morgen

tomorrow

ochtend

morning

middag

noon

avond

evening

werkdagen

workdays

weekend

weekend

jaar

year

regen
rain
regenboog
rainbow
wind
wind
sneeuw
snow
voorjaar
spring
herfst
fall
zomer
summer
winter
winter

4.APRIL 11°
5.APRIL 4°
6.APRIL 13°
7.APRIL 8°
8.APRIL 10°

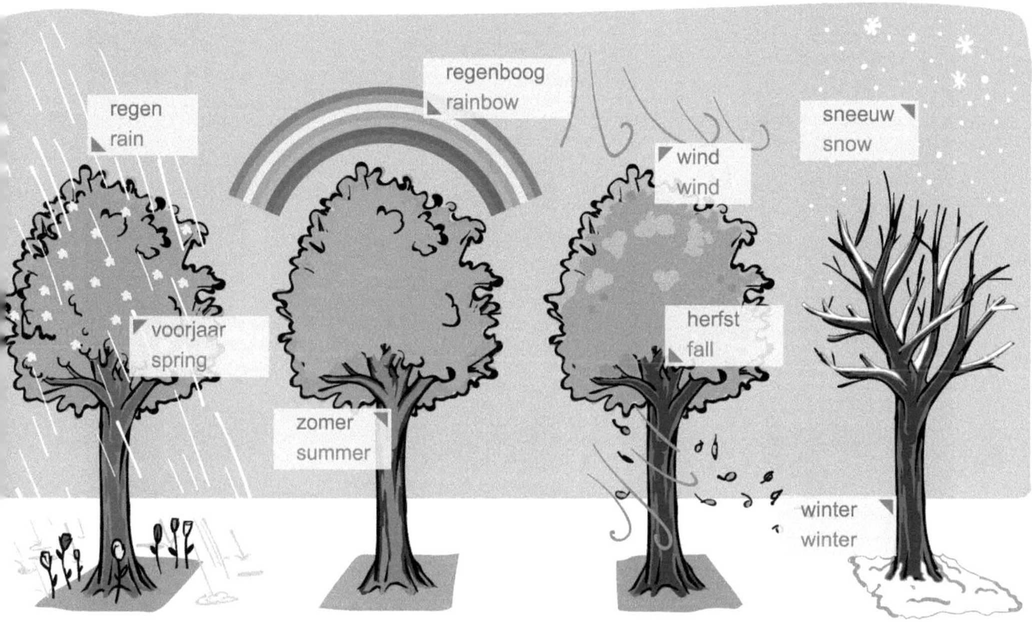

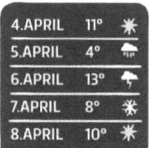

weerbericht

weather forecast

F C
120 40
90 30
60 20
30 10
0 0
-30 -10
-20

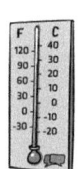

thermometer

thermometer

zonneschijn

sunshine

wolk

cloud

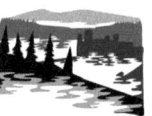

mist

fog

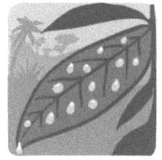

luchtvochtigheid

humidity

bliksem

lightning

donder

thunder

storm

storm

hagel

hail

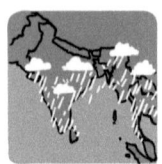

moesson

monsoon

overstroming

flood

ijs

ice

januari

January

februari

February

maart

March

april

April

mei

May

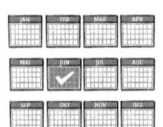

juni

June

juli

July

augustus

August

september
....
September

oktober
....
October

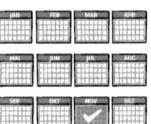

november
....
November

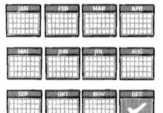

december
....
December

vormen

shapes

cirkel
....
circle

vierkant
....
square

rechthoek
....
rectangle

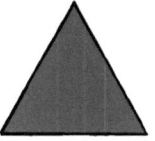

driehoek
....
triangle

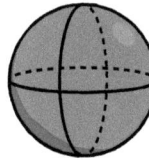

bol
....
sphere

kubus
....
cube

wit

white

geel

yellow

oranje

orange

roze

pink

rood

red

paars

purple

blauw

blue

groen

green

bruin

brown

grijs

gray

zwart

black

veel / weinig

a lot / a little

boos / rustig

angry / calm

mooi / lelijk

beautiful / ugly

begin / einde

beginning / end

groot / klein

big / small

licht / donker

bright / dark

broer / zus

brother / sister

schoon / vies

clean / dirty

volledig / onvolledig

complete / incomplete

dag/ nacht

day / night

dood / levend

dead / alive

breed / smal

wide / narrow

eetbaar / oneetbaar

edible / inedible

gemeen / aardig

evil / kind

opgewonden / verveeld

excited / bored

dik / dun

fat / thin

eerste / laatste

first / last

vriend / vijand

friend / enemy

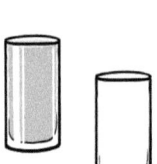

vol / leeg

full / empty

hard / zacht

hard / soft

zwaar / licht

heavy / light

honger / dorst

hunger / thirst

ziek / gezond

ill / healthy

illegaal / legaal

illegal / legal

intelligent / dom

intelligent / stupid

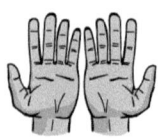

links / rechts

left / right

dichtbij / ver

near / far

nieuw / gebruikt

new / used

niets / iets

nothing / something

oud / jong

old / young

aan / uit

on / off

open / gesloten

open / closed

zacht / luid

quict / loud

rijk / arm

rich / poor

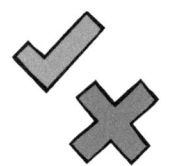

goed / fout

right / wrong

ruw / glad

rough / smooth

verdrietig / gelukkig

sad / happy

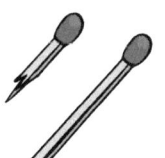

kort / lang

short / long

langzaam / snel

slow / fast

nat / droog

wet / dry

warm / koel

warm / cool

oorlog / vrede

war / peace

0

nul

zero

1

één

one

2

twee

two

3

drie

three

4

vier

four

5

vijf

five

6

zes

six

7

zeven

seven

8

acht

eight

9

negen

nine

10

tien

ten

11

elf

eleven

12

twaalf

twelve

13

dertien

thirteen

14

veertien

fourteen

15

vijftien

fifteen

16

zestien

sixteen

17

zeventien

seventeen

18

achttien

eighteen

19

negentien

nineteen

20

twintig

twenty

100

honderd

hundred

1.000

duizend

thousand

1.000.000

miljoen

million

Engels

English

Amerikaans Engels

American English

Chinees Mandarijn

Chinese Mandarin

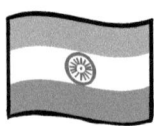

Hindi

Hindi

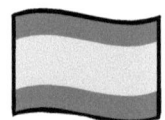

Spaans

Spanish

Frans

French

Arabisch

Arabic

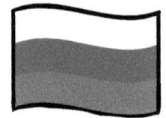

Russisch

Russian

Portugees

Portuguese

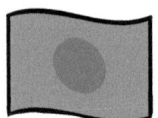

Bengalees

Bengali

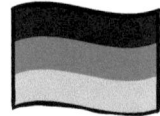

Duits

German

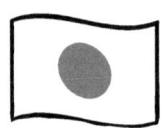

Japans

Japanese

ik
I

jij
you

hij / zij / het
he / she / it

wij
we

jullie
you

zij
they

wie?
who?

wat?
what?

hoe?
how?

waar?
where?

wanneer?
when?

naam
name

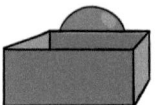

achter

behind

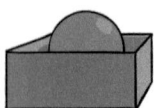

in

in

voor

in front of

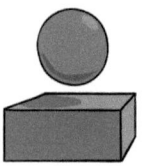

boven

over

op

on

onder

under

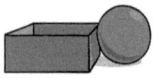

naast

beside

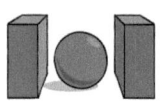

tussen

between

plaats

place